ÉCOLE CENTRALE DES ARTS ET MANUFACTURES

COURS DE LÉGISLATION INDUSTRIELLE

DES INVENTIONS BREVETABLES

LEÇON FAITE AUX ÉLÈVES DE 2ᵐᵉ ANNÉE

Le 26 Mai 1884

M. P. O. DELACROIX

AVOCAT-PROFESSEUR

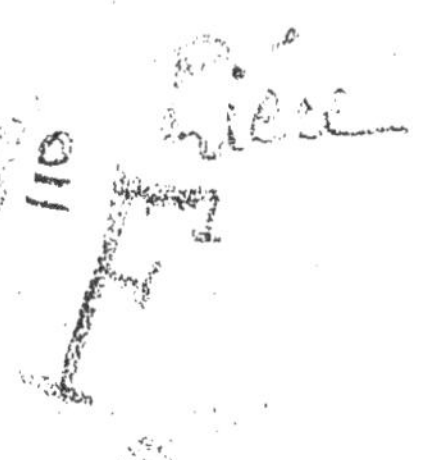

DEPOT-LEGAL
Eure-et-Loir.
N° 13
18 84

ÉCOLE CENTRALE DES ARTS ET MANUFACTURES

BIBLIOTHÈQUE NATIONALE R.F. IMPRIMÉS

COURS DE LÉGISLATION INDUSTRIELLE

DES INVENTIONS BREVETABLES

LEÇON FAITE AUX ÉLÈVES DE 2me ANNÉE

Le 26 Mai 1884

M. P. O. DELACROIX

AVOCAT-PROFESSEUR

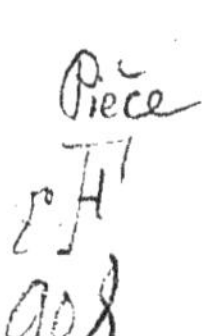
Pièce
8° F
908

DES OBJETS DU DROIT D'INVENTION

Transition. — Après avoir exposé *la nature du droit* consacré par la loi au profit de l'inventeur industriel, nous avons parlé du *Brevet d'invention.*

Nous avons dit que la concession du droit est subordonnée à diverses conditions essentielles et spécialement à l'obligation pour l'inventeur de transmettre au public son invention au moyen d'une description dont le dépôt est attesté par le brevet d'invention.

Pour prévenir une erreur généralement répandue, nous avons caractérisé ce titre et précisé avec soin ses réels effets.

Aujourd'hui nous nous proposons de rechercher quels sont les objets du droit d'invention, autrement dit *quelles sont les inventions brevetables.*

DES INVENTIONS BREVETABLES

DU ROLE DE L'INVENTION DANS L'INDUSTRIE

Les efforts incessants de l'homme tendent, pour la satisfaction de ses besoins, soit à créer de nouveaux produits, soit à réaliser de nouveaux résultats, soit à obtenir de nouveaux moyens de production ou à appliquer d'une façon nouvelle des moyens connus pour l'obtention d'un produit ou d'un résultat industriel.

Sans doute les inventions révolutionnant l'industrie sont rares, mais chaque journée pour ainsi dire voit naitre des perfectionnements qui, consacrés par l'expérience, passent dans la pratique des usines.

CONDITIONS LÉGALES DE L'INVENTION BREVETABLE

La loi du 5 juillet 1844 détermine dans son article 2 les conditions de la brevetabilité.

Dans des termes purement énonciatifs, car sa formule n'est pas limitative, en indiquant les formes sous lesquelles se produisent les inventions industrielles, elle relève comme conditions constitutives le caractère de nouveauté et le caractère industriel.

Recherchons, sous ce double rapport, quels principes généraux dérivent de la loi; nous examinerons ensuite à leur lumière les principales questions agitées dans la pratique des affaires.

1RE SECTION

DU CARACTÈRE INDUSTRIEL

Voyons quelles inventions se rattachent à l'industrie et sous quelles formes elles se produisent dans cet ordre de faits.

DU PRODUIT INDUSTRIEL

Définition du produit. — On appelle produit industriel un objet fabriqué par l'industrie ou employé par elle, qui a une forme, des caractères qui lui sont propres, une dénomination spéciale qui le distingue de tout autre corps.

Étendue du droit. — Quand l'invention concerne un nouveau produit, nul ne peut faire ce produit, quand même ce serait par des moyens différents et même par des moyens meilleurs.

Découverte d'un produit de la nature. — Nous dirons tout à l'heure si la découverte d'un produit de la nature est ou non brevetable.

DU RÉSULTAT INDUSTRIEL

Définition du résultat industriel. — Le résultat est tout effet produit mais qui ne se présente pas sous la forme d'un objet matériel ayant une forme définie et une dénomination spéciale et distinctive.

EXEMPLES DE RÉSULTATS INDUSTRIELS

Voici, par forme d'exemple, des cas dans lesquels on obtient des résultats industriels et non pas des produits.

— Augmentation de la portée dans les armes à feu.

— Augmentation de la portée de la vue dans les instruments d'optique.

— Augmentation de l'intensité du son dans les instruments de musique.

— Combustion inodore des huiles de schiste et de pétrole.

— Désinfection de la gutta percha et du caoutchouc.
— Décoloration de certaines substances.
— Préservation d'un appareil contre l'oxydation.
— Désincrustation des chaudières à vapeur.
— Diminution des inconvénients et des dangers.
— Amélioration dans la fabrication d'un produit connu en opérant plus rapidement — en obtenant une plus grande quantité ou une meilleure qualité — en opérant avec plus d'économie.

Dans ces divers cas il y a obtention de résultats nouveaux et non pas des produits industriels.

Étendue du droit. — Le principe consacré par la jurisprudence c'est que tout le monde peut tendre au même résultat pourvu que les moyens soient différents.

Motif. — Si le résultat n'est pas brevetable en lui-même et s'il ne l'est pas en dehors des moyens qui le donnent, cela tient à ce que le résultat n'ayant pas une forme déterminée, la loi, par ce motif, est impuissante à le protéger autrement que par les moyens qui, eux, ont une forme tangible et saisissable.

DES MOYENS INDUSTRIELS

Définition des moyens industriels. — On appelle moyens tous les modes d'action qui permettent d'obtenir un produit ou un résultat.

Dénominations. — On appelle *Organes*, les moyens mécaniques; *Agents,* les moyens employés dans les arts physiques et chimiques; *Procédés,* les divers modes d'emploi des moyens.

Étendue du droit quant aux moyens. — L'inventeur d'un nouveau moyen n'a droit qu'aux applications qu'il a indiquées dans sa description ; une jurisprudence favorable admet cependant qu'il a droit aux applications nécessaires ou même seulement naturelles ; mais c'est une théorie dont il convient d'user sobrement.

De l'application nouvelle par un tiers du moyen nouveau. — Les tiers peuvent prendre pour les applications nouvelles du nouveau moyen un brevet de perfectionnement, mais comme ils passent par l'invention brevetée, ils ne peuvent exploiter qu'avec le consentement du breveté principal ; de son côté l'inventeur du moyen nouveau ne peut pas exploiter les perfectionnements brevetés sans le consentement du propriétaire de ces brevets, sous peine d'être poursuivi en contrefaçon pour l'emploi des perfectionnements.

C'est ainsi que la loi a fait le règlement des rapports respectifs des parties.

DE L'APPLICATION NOUVELLE DE MOYENS CONNUS

Définition et cas d'application nouvelle. — On suppose ici un moyen connu mais dont il est fait une application nouvelle ; dans cette hypothèse, ce qui est à rechercher pour la brevetabilité ce n'est pas la nouveauté du moyen mais celle de l'application.

L'application peut être nouvelle soit par rapport à la matière ou au genre d'industrie ou au mode d'action ou à la destination ; elle peut être nouvelle par la variété de combinaison des moyens.

Étendue du droit. — Dans ces cas les Magistrats n'ont pas à rechercher si le moyen est connu ; ils doivent se borner à rechercher si l'application est nouvelle.

Mais le droit est limité à l'application nouvelle revendiquée.

FAITS QU'IL NE FAUT PAS CONFONDRE AVEC L'APPLICATION NOUVELLE

De l'emploi nouveau. — Il se peut qu'un moyen connu soit appliqué à une autre matière ou d'une manière différente ou pour une autre destination.

Si cette application ne donne pas un nouveau résultat utile, alors il y a bien un fait nouveau mais non pas une nouvelle utilité, seule chose intéressante pour l'industrie.

Dans ce cas il y a un emploi nouveau mais non pas une application nouvelle dans le sens de la loi.

Transport d'un moyen d'une industrie dans une autre.— Parfois le transport d'un moyen connu d'une industrie dans une autre peut donner un résultat utile et nouveau ; mais dans certains cas, à raison des circonstances, il y a défaut de nouveauté et par suite il n'y a pas application nouvelle ; c'est alors un simple transport qui n'est pas plus brevetable que l'emploi nouveau.

Exemple. — On a depuis longtemps appliqué la presse à vis à comprimer des cuirs ; des papiers ; des laines ; etc., l'application que l'on proposerait d'en faire aujourd'hui à des étoffes constituerait un simple transport.

Ici ce n'est pas l'utilité qui manquerait, ce serait la nouveauté.

La jurisprudence a souvent appliqué cette doctrine.

Observation. — Si l'application d'un moyen connu donne un résultat utile et nouveau, cette application nouvelle est brevetable alors même qu'elle aurait lieu dans la même industrie.

En effet ce qui est à considérer pour la brevetabilité ce n'est pas la différence des industries mais la différence des résultats.

Des Tours de main. — La mise en œuvre plus intelligente quand elle repose exclusivement sur des qualités et des aptitudes personnelles ne constitue pas une invention qui soit de nature brevetable.

L'aptitude étant toute personnelle ne peut se communiquer tandis que la loi suppose des moyens praticables pour tout le monde, et c'est pour cela qu'elle exige qu'ils soient transmis au public par une description qui lui permette d'en faire usage.

Les tours de main ne sont donc pas d'ordre brevetable s'ils reposent exclusivement sur l'habileté personnelle de l'ouvrier.

En fait ces diverses distinctions sont délicates à tracer, mais ce n'est pas une raison pour assimiler et confondre ces diverses situations.

DE LA COMBINAISON NOUVELLE DES MOYENS CONNUS

La combinaison nouvelle de moyens connus n'est qu'une variété de l'application nouvelle.

Elle a lieu par la variété de combinaison des moyens en les complètant ou en les simplifiant ; en les réunissant ou en les séparant ; en intervertissant l'ordre d'emploi des moyens.

C'est la source la plus féconde des inventions, car, en général, les inventions consistent dans de nouveaux résultats obtenus par la combinaison nouvelle de moyens connus.

Étendue du droit. Peu importe que les moyens soient connus si la combinaison est nouvelle.

Ce qu'il faut considérer ce n'est pas chaque élément individuellement mais l'ensemble ; l'ordre ; le groupement ; aussi on peut employer les mêmes moyens pourvu qu'on ait recours à d'autres combinaisons.

Confusion à éviter. — Il ne faut pas confondre avec une combinaison nouvelle ce qui n'est qu'un simple changement surtout quand il est sans influence sur le résultat, comme un simple mélange dans les arts chimiques ou un simple changement de place ou de position dans les arts mécaniques. Toutefois, nous allons tout à l'heure proposer des distinctions.

DE L'APPLICATION NOUVELLE D'UN PRODUIT CONNU OU D'UN PRODUIT DE LA NATURE

L'application nouvelle d'un produit de la nature ou d'un produit connu est-elle brevetable ?

Quoique la loi n'ait parlé que de l'application nouvelle de moyens connus, la loi peut être étendue par analogie et l'on peut dire que dans ce cas le produit devient un moyen et doit être considéré comme tel pour l'obtention d'un résultat industriel.

C'est donc une variété de l'application nouvelle de moyens connus.

Observation générale. — Nous venons de nous expliquer sur les diverses inventions industrielles qui peuvent se produire ; ajoutons qu'une même invention peut être nouvelle à la fois comme produit ; comme résultat, comme moyen et comme application nouvelle ; et qu'elle peut réunir soit quelques-uns de ces effets soit même les réunir tous à la fois.

QUESTIONS DIVERSES SUR LES INVENTIONS BREVETABLES

Observation. — Les principes généraux exposés, il convient de rechercher les applications pratiques qui en ont été faites.

La jurisprudence fournit des solutions répondant à la variété des faits qui peuvent se produire dans les multiples opérations de l'Industrie.

DES PRODUITS ET DES PHÉNOMÈNES NATURELS

Un individu découvre un produit de la nature ou des propriétés inobservées d'un corps ; il découvre un agent ou une force de la nature, (ou les lois de ces agents et de ces forces) ; en un mot il découvre des choses existantes mais inobservées jusqu'à lui.

Peut-il prendre un brevet pour ces découvertes là ? Non, car les découvertes scientifiques ne sont pas brevetables ; seules, les applications industrielles de ces découvertes peuvent être brevetées.

Découverte d'un produit de la nature. — La découverte d'un produit de la nature n'est pas brevetable parce qu'il s'agit ici, non de la création d'un produit, mais seulement de sa découverte ; il n'y a donc que l'application qu'on en ferait à l'industrie qui serait brevetable.

Un arrêt a annulé un brevet pris pour l'application des phosphates de chaux à l'agriculture, en se fondant sur ce que le produit n'était pas brevetable parce que c'est un produit de la nature.

Dans cette affaire on a commis une confusion ; le brevet ne revendiquait pas la création du produit ; la revendication était limitée à l'application industrielle faite à l'agriculture de ce produit de la nature destiné à produire l'amendement des terres.

DES CHANGEMENTS

On répète souvent que les changements ne sont pas brevetables ; dans ces termes absolus, cette doctrine est fausse, il faut faire des distinctions.

Changement de matière.— Parfois la substitution d'une matière à une autre est sans intérêt pour le résultat ; dans ce cas il n'y a pas d'invention brevetable ; dans d'autres cas, au contraire, le changement de matière intéresse le résultat ; alors il y a invention brevetable.

Exemple : — L'oléine substituée à l'huile pour le graissage et dégraissage des laines (Alcan et Peligot contre Cunin-Gridaine, ministre, qui a présenté la loi du 5 juillet 1844 sur les brevets).

Changement de forme. — Ici encore il faut distinguer : Si la forme n'est changée qu'au point de vue ornemental, il y a lieu d'appliquer les lois relatives à la propriété artistique ou aux modèles et dessins industriels ; mais il n'y a pas là un objet brevetable, soit comme produit, soit comme moyen. Mais si le changement de forme intéresse le résultat, il y a lieu à brevet.

Exemples : — En matière d'optique, — en matière d'acoustique. — Pour réaliser une économie en réduisant de moitié le personnel on avait, dans une filature à Reims, doublé la longueur des bancs à broche ; mais à raison de cette dimension, il se produisait dans la manœuvre du banc un mouvement de lacet qui amenait la rupture des fils ; pour remédier à cet inconvénient, on eut la pensée de donner aux bancs une forme elliptique qui rachetait ce mouvement anormal. Ce changement de forme, qui intéressait le résultat, était brevetable.

Changement de dimension et de proportion. — Même théorie pour les changements de dimension et de proportion. Si ces changements intéressent le résultat, ils sont brevetables.

Exemples : M. Sax a créé toute une série d'instruments de musique par un changement dans les dimensions et les proportions. Ses brevets ont été consacrés par la jurisprudence.

Changement de position. — Parfois un changement de place ou de position est indifférent pour le résultat, mais quand ce changement intéresse le résultat, il est brevetable.

Exemple : Pour l'éclairage électrique on plaçait 2 crayons de carbone en face l'un de l'autre dans un plan horizontal puis on essayait d'assurer l'écartement normal par un régulateur automatique; Jablokoff est venu placer les crayons de carbone verticalement et à côté l'un de l'autre. Ce changement de position était brevetable.

Changements divers. — Par suite de cette théorie sont brevetables quand ils donnent un résultat utile et nouveau : le changement des doses dans les arts chimiques; le changement des degrés de température dans les arts physiques; le changement dans la durée de l'opération; l'interversion dans l'ordre des opérations.

En résumé, toutes les fois que les procédés ou modes d'emploi des moyens peuvent influer sur les résultats, ils deviennent brevetables.

Je crois pouvoir me borner à ces exemples pour mettre en lumière la théorie que je viens de développer et pour montrer la nécessité de distinguer des hypothèses qui sont très différentes.

DES AMÉLIORATIONS

La loi ne mesure la concession du droit ni sur le degré de mérite de l'inventeur ni sur le degré d'importance de l'invention; impuissante à faire ces distinctions, elle consacre l'invention dans toutes les industries et elle consacre même les petites inventions; toutefois il faut que l'activité humaine ait participé au fait et qu'it y ait une utilité si petite qu'elle soit parce que sans cela la raison d'être d'un droit ferait absolument défaut.

Il y a plus, la loi accorde pour toutes les inventions la même nature et la même durée de droit : seulement le public achète l'objet breveté en plus ou moins grande quantité et en donne un plus ou moins grand prix, la différence ne s'exprime que sous ce double rapport.

Les améliorations sont donc brevetables et elles constituent la source la plus féconde des inventions.

Elles s'expriment soit par une augmentation de la quantité des produits ou par une plus grande rapidité de fabrication, elles s'expriment le plus souvent par des améliorations de qualité ou par l'économie dans la fabrication; parfois elles consistent dans la suppression et la diminution des dangers ou des inconvénients de la fabrication.

Dans ces diverses hypothèses il y a, non pas un produit nouveau, mais bien un résultat nouveau obtenu par des moyens nouveaux ou par l'application nouvelle de moyens connus.

DES INDUSTRIES BREVETABLES

Industrie alimentaire. — Certains auteurs voudraient faire refuser le bénéfice du brevet à l'Industrie alimentaire parce qu'elle est, suivant eux, d'intérêt public.

Cette doctrine n'est pas admise.

Industrie chimique. — On voudrait également faire refuser le bénéfice du brevet à l'Industrie chimique à raison de la facilité qu'elle a de dissimuler ses moyens et ses procédés; la loi n'a pas formulé une pareille prohibition; sans doute des dissimulations sont possibles, mais comme il n'y a de protégé que ce qui est décrit au brevet, l'inventeur peut être pris à son propre piège.

Industrie pharmaceutique. — Quant à l'Industrie pharmaceutique, la loi, par crainte des abus de charlatanisme, lui refuse le bénéfice du brevet et règle d'une manière spéciale la récompense due aux inventeurs de remèdes.

Un arrêt a déclaré que des agents et procédés d'embaumement n'étaient pas brevetables en se fondant sur ce qu'il y avait là un cas d'exercice illégal de la médecine; on a oublié que l'art de guérir ne concerne que les vivants et non les morts; l'arrêt a ajouté que le corps humain n'appartient pas au commerce, ici encore il y a une confusion; il ne s'agissait pas de l'exploitation du corps humain mais bien de l'exploitation par fabrication et par vente de moyens utiles pour la conservation des corps et aussi pour la salubrité publique.

Industrie agricole. — Quelques auteurs refusent le bénéfice du brevet à l'Agriculture par la raison qu'elle n'est pas une Industrie; par des motifs qui aujourd'hui d'ailleurs n'ont plus d'intérêt on a soumis l'Agriculture aux lois civiles et non aux lois commerciales, mais cela n'empêche pas l'Agriculture d'être soit économiquement soit juridiquement une industrie ; aussi d'après la jurisprudence la création d'outils, d'engins, de matières agricoles et d'engrais est parfaitement brevetable.

DES INSTRUMENTS ET APPAREILS BREVETABLES

Instruments des sciences. — On a agité la question de savoir si les instruments des sciences sont brevetables ; pour la négative on a dit que la science se distinguait essentiellement de l'Industrie ; on a répondu que ces instruments et appareils sont des objets de fabrication et de vente ; que c'est là le fait caractéristique à considérer et non pas leur destination.

Instruments de médecine et de chirurgie. — Sans aucun doute les médecins et les chirurgiens peuvent seuls se servir de ces instruments et appareils ; mais ce sont là des objets d'industrie et de commerce, dès lors ils sont brevetables ; l'usage qu'on en peut faire est indifférent pour la question de brevetabilité ; ces solutions sont consacrées par la jurisprudence.

Appareils pour la photographie. — On a discuté la question de savoir si les productions photographiques doivent être assimilées à des œuvres d'art protégées par la loi de juillet 1793 ; sur ce point il y a dissidence ; mais il n'est pas douteux que les instruments, appareils et procédés photographiques appartiennent à l'Industrie et que dès lors ils sont brevetables.

Machines et appareils pour les Industries monopolisées. — L'État se réserve, soit dans un intérêt de sécurité publique, soit dans un intérêt fiscal, le monopole de certaines industries (poudre, tabacs, etc.), or personne ne peut se livrer à ces exploitations monopolisées ; mais un particulier peut faire breveter des machines-appareils et outils applicables à ces industries, sauf à ce que l'usage de ces machines ne soit fait que par l'État ; cette doctrine a été consacrée à l'occasion d'une machine à triturer le tabac.

DES MÉTHODES

Des brevets ont été souvent demandés pour des méthodes ; ils ont été annulés comme ne constituant pas des objets d'industrie et étant seulement d'ingénieux moyens d'instruction, la loi du 5 juillet 1844 déclare nul et de nul effet des brevets qui portent sur des principes, méthodes, systèmes, découvertes et conceptions théoriques ou purement scientifiques, dont on n'a pas indiqué les applications industrielles; nous bornons là notre revue de la jurisprudence sur la question de brevetabilité.

DU POUVOIR D'APPRÉCIATION DE L'AUTORITÉ JUDICIAIRE

Il importe d'éviter une confusion souvent commise en ce qui concerne l'appréciation que l'Autorité judiciaire peut faire des brevets d'invention.

De l'appréciation du brevet. — Les Juges ont à déterminer l'invention telle qu'elle résulte de la description ; comme le brevet est un contrat intervenu entre la Société et l'Inventeur; que le brevet est publié comme une loi dans le bulletin des lois; alors les tribunaux peuvent l'interpréter mais sous le contrôle de la Cour de Cassation qui a compétence pour l'apprécier puisque le brevet est, sous un rapport, assimilé à une loi.

De l'appréciation des faits. — Mais, en dehors du brevet, et pour toutes les appréciations de fait, les Tribunaux et les Cours d'appel ont un droit d'appréciation souveraine et la Cour de Cassation ne peut pas exercer son contrôle dans cet ordre de faits.

Transition. — Après avoir dit quand est-ce que l'invention se rattache à l'industrie, recherchons quand est-ce que l'invention est nouvelle dans le sens légal.

2ME SECTION

DU CARACTÈRE DE NOUVEAUTÉ

La loi ne sanctionne l'invention qu'à la condition qu'elle soit nouvelle ; la nouveauté est un caractère fondamental : en effet si l'invention appartient à un individu ou au domaine public, à quel titre un particulier prétendrait-il s'en emparer? à quel titre réclamerait-il un privilège du moment où il n'apporterait rien de nouveau à la Société ?

Définition de la nouveauté légale. — La loi du 5 juillet 1844 dispose ainsi. « Art. 31. — Ne sera pas réputée nouvelle, toute invention » qui, en France ou à l'étranger, antérieurement au dépôt de la demande, » aura reçu une publicité suffisante pour pouvoir être exécutée. »

Système de la loi. — Lors de la discussion de la loi, un député avait demandé que la publicité ne résultât que d'un usage industriel ou d'un ouvrage imprimé ; cette proposition fut rejetée pour laisser à la loi le sens le plus large ; en effet la loi est très étendue dans ses termes : peu importe le lieu où la publicité s'est produite (en France où à l'étranger), peu importe l'époque pourvu toutefois que ce soit avant le dépôt de la demande.

Peu importe par quelle personne ou pour quel motif la publicité a eu lieu.

Peu importe l'étendue de la publicité, car il n'est pas nécessaire que l'invention eût été connue de tous ; il suffit qu'elle ait pu l'être; toutefois il faut que la publicité soit suffisante pour rendre l'exécution possible ; il faut aussi que l'invention pratiquée et connue que l'on oppose à l'invention brevetée soit identique à cette dernière.

DES FAITS DESTRUCTIFS DE LA NOUVEAUTÉ LÉGALE

La nouveauté légale disparait dans deux cas.

1° Quand il y a antériorité, c'est-à-dire lorsque l'invention existait par le fait des tiers avant le brevet.

2° Quand il y a divulgation, c'est-à-dire lorsque l'invention émanant du breveté a été communiquée au public, avant la prise du brevet, soit par l'inventeur soit par un tiers.

§ 1er DES ANTÉRIORITÉS

Certaines circonstances constituent des antériorités, mais il en est d'autres qui n'ont pas cet effet ; il y a donc des distinctions à faire.

Faits non destructifs de nouveauté. — Des conceptions théoriques. — Les conceptions théoriques constituent-elles une antériorité ? Non, car la loi confère un droit, non pas quand il y a simplement conception, mais bien quand il y a une réalisation matérielle ; dès lors une simple conception générale et vague ne constitue pas une antériorité opposable.

Des découvertes scientifiques. — Nous avons déjà dit que d'après la loi les découvertes scientifiques ne sont pas brevetables et que, seules, les applications industrielles peuvent être l'objet d'un brevet ; toutefois un savant peut bien dans son laboratoire trouver et indiquer une application industrielle.

Il n'est pas nécessaire que celle-ci ait été réalisée dans un atelier ; il suffit que le savant ait donné les moyens de la réaliser industriellement.

Des essais. — Les essais faits par des tiers sont-ils destructifs de la nouveauté ? On doit répondre négativement dans le cas où les essais ont été informes ou infructueux ; la loi entend protéger une industrie réalisée et non pas de simples tentatives qui n'ont pas abouti ; sans doute elle n'exige pas une invention complète, toutefois il faut autre chose qu'une tentative restée à l'état embryonnaire.

De la possession antérieure par un tiers mais restée secrète. — La possession par un tiers de l'invention avant la prise du brevet, est-elle destructive de la nouveauté si cette possession est restée secrète ? Non, le tiers ne peut pas contester la validité du brevet qui a été pris ; il ne peut plus prendre lui-même un brevet ; il n'a qu'un avantage c'est de pouvoir opposer à une poursuite en contrefaçon une exception personnelle fondée sur sa possession de bonne foi de l'invention antérieurement au brevet.

Des faits antérieurs destructifs de nouveauté. — Des procédés abandonnés. — Quoiqu'ils aient été longtemps abandonnés, si des procédés ont été autrefois connus, il n'y a plus place pour un brevet.

La loi Autrichienne admet les brevets de résurrection ; mais la loi Française ne permet pas cette revification ; toutefois on peut faire breveter le fait nouveau qui ferait revivre le fait ancien.

Des éléments isolément connus. — Des éléments isolément connus constituent une antériorité légalement opposable.

Mais si une invention consiste dans le groupement nouveau d'éléments connus, dans ce dernier cas l'antériorité opposable est celle qui serait identique à la combinaison nouvelle qui, seule, est l'objet du brevet.

De la fabrication ou de la vente antérieure au brevet. — La fabrication ou la vente antérieure au brevet est-elle destructive de la nouveauté ?

On doit répondre affirmativement si la vue ou l'analyse du produit en révèle la composition ou les procédés de fabrication.

De l'usage public. — Il y a lieu d'appliquer ici le même principe; peu importe, qu'avant le brevet, il y ait eu usage public, si la vue ou même l'analyse ne permettent pas de pénétrer l'invention; comme dans ce cas il n'y a pas publicité de l'invention, il n'y a pas une antériorité opposable.

De l'échange. — du don. — L'échange d'un produit comporte la même solution que la vente dont il est une variété; la donation, quoique présentant un fait exclusif de l'idée d'exploitation commerciale, n'en constituerait pas moins une antériorité.

§ 2me DE LA DIVULGATION

Il ne s'agit pas ici d'une invention antérieure au brevet, mais de l'invention même qui a été brevetée, et qui, avant la prise du brevet, a été divulguée soit par l'inventeur lui-même, soit par des tiers.

DE LA DIVULGATION PAR L'INVENTEUR

Faits personnels à l'Inventeur mais secrets; communication confidentielle. — La confidence faite par l'inventeur à un tiers soit oralement soit par correspondance détruit-elle la nouveauté? Non, mais si le tiers, par abus de confiance, divulguait l'invention, il y aurait à examiner si cette divulgation était assez complète pour permettre l'exécution; on doit donc user sobrement de ces communications confidentielles.

Communication à l'autorité publique ou aux corps savants. — Plusieurs fois des tribunaux et des cours d'Appel ont refusé de voir une divulgation dans le cas de communication faite soit à des autorités publiques soit à des corps savants parce que la communication avait été faite sous le sceau du secret.

Cette doctrine est acceptable, mais on fera bien d'user sobrement de ces communications qui, en fait, offrent de réels dangers.

Dépôt sous pli cacheté. — Le dépôt sous pli cacheté ne constitue ni une antériorité ni une divulgation puisque le fait reste non publié.

Mais ce dépôt ne confère pas le droit d'invention parce qu'il ne peut suppléer le brevet ; d'autre part il n'empêche pas un tiers de bonne foi de prendre un brevet, puisqu'il ne constitue pas une antériorité ; nous l'avons déjà dit, il ne donne au déposant qu'une exception personnelle pour repousser l'action en contrefaçon.

Usage industriel mais secret. — L'usage industriel d'une invention n'empêche pas de prendre un brevet si l'invention est restée secrète malgré cet usage public.

Au cas ou le secret serait surpris, l'inventeur ne pourrait plus prendre de brevet et il n'aurait d'autre ressource qu'une action civile et pénale contre celui qui, après avoir obtenu par fraude connaissance de l'invention, l'aurait communiquée au public.

Dans une affaire où l'exploitation avait été plus ou moins secrète, j'ai obtenu de la Cour de Paris le maintien d'un brevet pris après six années d'exploitation ; à raison des faits, l'autorité judiciaire s'est montrée favorable pour le breveté ; mais c'est là plutôt une solution d'espèce qu'une solution de principe.

Disons en passant un mot du régime légal des secrets de fabrique.

DU RÉGIME DES SECRETS DE FABRIQUE

Définition. — Pour certains auteurs, les secrets de fabrique consistent dans des tours de main. Ce n'est pas là ce que la loi entend protéger puisqu'il s'agit d'aptitudes exclusivement personnelles.

Le secret de fabrique c'est l'invention ; mais l'invention secrète c'est-à-dire non décrite, non brevetée ; telle est la solution de la cour de cassation.

Régime légal. — Dans le cas de secret de fabrique la loi atteint ceux qui commettent un délit, mais elle ne protège pas une propriété qu'elle ne connait pas.

La loi offrait à l'inventeur de le protéger à la condition par ce dernier de communiquer son invention ; il ne peut s'en prendre qu'à lui-même du choix qu'il a fait, dès lors la loi punit un délit, une spoliation, mais elle ne protège pas une propriété qui lui est inconnue ; l'auteur a préféré les avantages d'une exploitation secrète, il doit en subir les graves dangers.

L'ouvrier infidèle ne peut-il pas, lui, être poursuivi en contrefaçon. — Non, car dans ce cas la loi punit la violation d'un secret mais elle ne protège pas une propriété ; puisqu'il n'y a pas un brevet valable, il ne peut y avoir place pour une action en contrefaçon.

FAITS PERSONNELS AU BREVETÉ MAIS PUBLICS

Des essais publics. — On comprend l'utilité et parfois la nécessité des essais, mais il convient d'opérer en secret et en prenant des précautions ; toutefois l'essai même public ne détruit pas la nouveauté si la vue et même l'analyse ne peuvent pas révéler l'invention.

Exposition publique. — L'exhibition dans une exposition publique ou dans un musée industriel fait présumer l'abandon du droit par la divulgation de l'invention, à moins que la vue et l'analyse ne révèlent pas l'invention.

Cours publics. — L'exposé d'une invention dans des cours publics est considéré comme une divulgation de nature à invalider le brevet pris ultérieurement.

Toutefois des tribunaux ont fait exception à cette règle pour des leçons scientifiques en se fondant sur ce qu'elles avaient été professées à huis-clos et devant un petit nombre d'auditeurs ; sans blamer cette indulgence, on ne peut pas cependant en faire la base d'une doctrine légale.

Livre imprimé. — Un livre imprimé mais non encore publié n'est pas un cas de divulgation.

Mais quand il y a publication, cela suffit ; peu importe que le livre ait été peu ou pas acheté ou lu, peu importe qu'il soit en langue étrangère ; dans ce cas la publicité existe.

DE LA DIVULGATION PAR AUTRUI

En règle générale, le fait de la publicité est la seule chose à prendre en considération ; peu importe que la divulgation ait lieu sans l'assentiment et même contre le gré de l'inventeur ; peu importe de qui émane la divulgation ; peu importe la cause ou le motif qui lui a donné naissance ; peu importe que la divulgation soit intentionnelle ou qu'elle résulte d'une négligence ou d'une imprudence ; ces circonstances sont indifférentes.

De la divulgation frauduleuse. — Quand la publicité résulte d'une fraude, on soutient en général que l'*inventeur peut poursuivre civilement et pénalement le délinquant mais que l'invention est acquise au domaine public.*

La Cour de cassation a décidé que la publicité même frauduleuse fait tomber l'invention dans le domaine public, mais la Cour de Paris et d'autres Cours d'Appel proclament une doctrine contraire.

Il faut le reconnaître, il y a là une source impure d'acquisition pour le domaine Public; le législateur devrait régler ce point d'une manière précise, sauf à adopter quelques règles spéciales pour sauvegarder des situations légitimement acquises par ceux qui n'étant ni les auteurs ni les complices de cette divulgation ont droit, à raison de leur bonne foi, à une situation spéciale.

DES MODES DE PREUVE DE LA PUBLICITÉ

La publicité résulte des publications, (livre, journal, recueil, etc.) ; elle peut résulter de l'usage par fabrication, par exploitation commerciale ou par usage personnel ; les brevets français et étrangers, les expositions publiques et les cours publics constituent également des moyens de publicité.

De la publicité par les Brevets. — Quand pour une même invention il existe plusieurs brevets semblables, c'est le premier en date qui prime les autres et les invalide.

Mais s'il a été pris par fraude, le véritable inventeur peut se faire subroger, par la justice, sur le titre, au spoliateur qui a obtenu le brevet.

OBSERVATION

Après nous être expliqué sur les inventions brevetables, nous avons à énumérer les conditions auxquelles la loi subordonne *la création* et *la conservation* du droit d'invention.

Nous verrons que lorsque les conditions constitutives manquent, le brevet est *nul* et n'a jamais eu d'existence.

Nous verrons que lorsque les obligations imposées par la loi pour la conservation du droit n'ont pas été remplies, le brevet valable à l'origine tombe *en déchéance.*

Après avoir énuméré les causes de nullité et les causes de déchéance, nous parlerons des actions par lesquelles l'Industrie libre peut soit attaquer soit repousser les brevets pris en dehors des conditions légales.

BIBLIOTHÈQUE NATIONALE R.F. IMPRIMÉS

Chartres. — Imprimerie Garnier.

www.ingramcontent.com/pod-product-compliance
Ingram Content Group UK Ltd.
Pitfield, Milton Keynes, MK11 3LW, UK
UKHW012131240726
13965UKWH00005B/2097

9 782013 454995